LA PRIÈRE DANS LA NUIT

NOZIÈRE

LA PRIÈRE DANS LA NUIT

DRAME EN UN ACTE

PARIS

DORBON-AINÉ

19, BOULEVARD HAUSSMANN, 19

1915

A Monsieur le Général GOIRAN

Hommage de respectueuse admiration.

1.

PERSONNAGES :

	A Rouen	A Paris
JEANNE.	Mlle NELLY CORMON	NELLY CORMON.
HENRY BEAUCHAMP . . .	M. GEORGES MAURY	ANDRÉ CALMETTES.
ANDRIEUX	M. STRELISKI	GEORGES MAURY.

*Pour les représentations, s'adresser à M. ANDRÉ CALMETTES qui
a bien voulu mettre la pièce en scène.*

———

Ce drame a été créé à Rouen, sur le Théâtre Français,
le 7 Mars 1915, et
à Paris, sur le théâtre du Gymnase,
le 20 Avril suivant.

———

LA PRIÈRE DANS LA NUIT

Une maison assez élégante à la campagne près de la frontière.
La salle dans laquelle on peut se tenir: pas l'aspect d'un salon;
  meubles de chêne. Aspect vénérable. A gauche, une sorte de
  coffre-fort scellé dans le mur. Une fenêtre au fond, un peu à
  gauche. A droite, au fond, une porte. Entre la fenêtre et la porte,
  une commode. A droite, la haute cheminée avec de grosses
  bûches et la hache avec laquelle on fend le bois. Près de la
  cheminée, premier plan, quelques livres sur une étagère. Presque
  au milieu de la scène, mais un peu à gauche, une table avec
  une lampe.

Scène Première

HENRY, JEANNE

Au lever du rideau, c'est la fin du jour, mais il fait encore très clair.
  La fenêtre est ouverte. Six heures, commencement septembre.
  Henry est assis près de la fenêtre et regarde au loin. Jeanne est
  accoudée à la table, face au public, pensive. L'horloge sonne
  six heures. Jeanne tressaille, tourne la tête vers Henry, va à lui.

JEANNE. — Henry!... Henry!!...

HENRY. — Eh bien?

JEANNE. — A quoi penses-tu?

HENRY. — A des choses...

JEANNE. — Pendant des heures tu restes là, si loin de
moi !

HENRY. — Tout près de toi.

JEANNE. — Mais la pensée ailleurs,... loin... loin...

HENRY. — Mais toi-même?

JEANNE. — Moi... pas du tout...

HENRY. — Crois-tu que je ne t'observe pas ?... Je ne

te dis rien parce que je ne veux pas te faire de la peine... Il faut respecter la souffrance...

JEANNE. — Je ne souffre pas...

HENRY. — Tu penses à tes deux frères qui se battent, et c'est bien naturel !

JEANNE. — Henry !

HENRY. — Tu voudrais me cacher ton inquiétude, ton anxiété... Crois-tu que moi aussi je ne songe pas à eux, sans cesse... Je me demande : « Où sont-ils ? »

JEANNE (allant à lui, fébrile). — Ils vivent n'est-ce pas ? Tu crois, comme moi, qu'ils vivent et que nous aurons bientôt des nouvelles... ?

HENRY. — Mais oui, je le crois... (Il lui prend les mains.)

JEANNE. — Les pauvres petits !

HENRY. — Ils ne sont pas à plaindre. Ils font leur devoir. Ils se battent, ils risquent leur peau, tandis que d'autres...

JEANNE. — Tais-toi ! Je sens ce que tu vas dire...

HENRY. — Eh bien ! Oui ? Oui ! Je souffre d'être ici ! tandis que tes frères, que nos amis...

JEANNE. — Tais-toi ! Tais-toi !

HENRY. — Trente-cinq ans ! J'ai trente-cinq ans et je ne peux pas combattre pour mon pays !

JEANNE. — C'est à quoi tu penses tout le jour, quand tu regardes par cette fenêtre.

HENRY. — Oui ! Oui ! Je cherche au delà de l'horizon mes frères qui se battent !

JEANNE. — Je ne veux plus que tu regardes. (Au moment de fermer la fenêtre, elle admire le crépuscule.) Comme il fait beau ! Quelle tranquillité ! Depuis de longues années nous n'avions pas eu un été aussi merveilleux. Peut-on croire qu'en cette soirée des hommes tuent et meurent pour la défense du pays?

HENRY. — Et moi, je suis ici !

JEANNE. — Chut ! (Elle ferme la fenêtre, baisse les rideaux de mousseline.) Ne pense plus ! On est chez nous, tous les deux ! (Elle l'oblige affectueusement à se lever, à ne plus regarder au loin, à descendre avec elle vers le milieu de la scène.)

HENRY. — Tu n'as pas honte de moi ?

JEANNE — C'est la question que tu m'as posée, il y a trois ans quand nous nous sommes fiancés : « Vous n'aurez pas honte de moi, Mademoiselle ? »

HENRY. — Dame ! Un infirme !

JEANNE. — Ne prononce pas ce mot là… : tu es solide !

HENRY. — Je traîne la patte !

JEANNE. — Allons ! Allons !

HENRY. — Ça m'était bien égal de m'être cassé la jambe. Les jeunes gens m'appelaient quelquefois le bancal.

JEANNE. — Les imbéciles !

HENRY. — Oh ! Ils ne le disaient pas très haut, parce que, malgré cet accident, je suis fort… Aussi ça m'était bien égal… Mais, quand je t'ai connue, j'ai souffert de ça… Jamais je n'aurais osé te parler…

JEANNE. — Eh bien ? Ça ne m'a pas empêchée de t'aimer, n'est-ce pas ?

HENRY. — Tu ne m'as pas aimé tout de suite…

JEANNE. — Je n'osais pas te l'avouer…

HENRY. — Pourquoi ?

JEANNE. — Parce que tu es riche ; alors tu aurais pu croire…

HENRY. — Ma chérie !

JEANNE. — Mais tu as bien senti, depuis, que je t'adore ?

HENRY. — J'ai souffert encore cruellement de mon infirmité, il y a un mois, quand ils sont tous partis et que, moi, je suis resté ! La patrie n'a pas été aussi indulgente que toi : elle n'a pas voulu de moi, elle !

JEANNE. — Aussi je te garde !

HENRY. — C'est horrible ce que tu dis là !

JEANNE. — Je ne l'avouerai à personne ; mais, tout bas, très près de toi, je te le dis : je suis heureuse, vilainement heureuse de te garder. Il me semble que c'est ma récompense. Je t'ai aimé malgré cet accident, et, grâce à cet accident, tu me restes.

HENRY. — Tu vois cependant que je souffre...

JEANNE. — Oui... Pour les hommes l'amour n'est pas tout. Mais suppose que ce soit moi qui doive partir et qu'une circonstance semblable m'oblige à demeurer ? N'en serais-tu pas, malgré toi, monstrueusement heureux ?

HENRY. — Je ne sais plus...

JEANNE. — Mon Henry !

Un temps.

HENRY (tournant la tête vers la fenêtre). — Que se passe-t-il, là-bas ?

JEANNE. — N'y pense plus ce soir ! Essayons de n'y plus penser ! Je ferme les rideaux... Allume la lampe. (Ils le font.) Vois ! Tes livres préférés sont là ! (Elle est allée prendre les livres sur l'étagère.) Racine... La Fontaine... Corneille... ! Les poètes de la France... ! Ceux que tu m'as appris à bien lire et à aimer...

HENRY. — Ma femme chérie...

JEANNE (prenant le Musset). — Musset ! (l'ouvrant) « Nous l'avons eu votre Rhin allemand...,

HENRY. — Pas cela... Pas ce soir... Ça me fait mal !

JEANNE. — Oui... Tu as raison... Ce n'est pas le moment... Ce n'est pas encore le moment...

HENRY. — Songe que, la semaine dernière, ils étaient ici et qu'ils descendaient, terribles, vers Paris.

JEANNE. — Ils ne l'auront pas ? N'est-ce pas ? Ils ne l'auront pas ! Il ne faut pas ! Il ne faut pas !

HENRY. — Hélas !

JEANNE. — Vois-tu, Henry, je ne pourrais pas vivre sous leur loi. Je ne les ai guère vus ; ils ne sont pas venus jusqu'à notre maison. Mais je sais ce qu'ils ont fait dans le village. Les femmes... Les vieillards... Et les enfants ! Les enfants dont ils ont coupé les petites mains !

HENRY. — Calme-toi ! Je t'en supplie.

JEANNE (de plus en plus exaltée). — Et toi, toi ! Ils auraient pu te prendre, te pousser au mur, t'abattre ! Oh ! Non ! Non ! S'il y a un Dieu, s'il y a une justice, ils ne prendront pas Paris !

HENRY. — Tais-toi ! Tais-toi ! Regarde, la maison est intacte, je suis près de toi...

JEANNE. — Ils ne prendront pas Paris.

HENRY. — Mais non, ma chérie, ils ne prendront pas Paris. (Il la prend dans ses bras et la berce comme un enfant. Un temps.)

JEANNE (Un peu calmée et des larmes dans la voix). — Je te demande pardon d'être ainsi... Je devrais être plus forte, plus raisonnable... J'avais dit que nous n'y penserions pas ce soir, et tu vois... Ce n'est pas possible ! Comment penser à autre chose ?

(On sonne.)

HENRY. — On a sonné.

JEANNE. — Je vais ouvrir.

HENRY. — Juliette ouvrira...

JEANNE. — Elle est allée voir sa mère au village... Reste... je vais ouvrir... (Elle passe dans la pièce voisine et on l'entend dire : « Ah, c'est vous Monsieur Andrieux. »)

M. ANDRIEUX (dehors). — M. Beauchamp est là ?

JEANNE. — Mais oui, entrez donc !

Scène II

LES MÊMES, M. ANDRIEUX (55 ans, costume de bicyclette)

M. ANDRIEUX. — Bonsoir, Monsieur Beauchamp!

HENRY. — Soyez le bienvenu, Monsieur le Maire!

M. ANDRIEUX. — Je m'arrête un instant... Mais, ma foi, je n'ai pas voulu passer devant votre maison sans vous annoncer une grande nouvelle...

JEANNE. — Une bonne nouvelle, alors ?

M. ANDRIEUX. — Vous allez en juger : nous allons sans doute revoir les Boches.

JEANNE (anxieuse). — C'est cela que vous appelez une bonne nouvelle ?

M. ANDRIEUX. — Oui, Madame... Car cette fois, ils ne viennent pas du Nord !

HENRY (tranquille). — C'est leur armée de l'Est ?

M. ANDRIEUX. — Non, Monsieur Beauchamp. Ils viennent du Sud ! Ils battent en retraite.

HENRY (très ferme). — Ce n'est pas vrai ! .

JEANNE. — Est-ce possible ?

M. Andrieux. — Ça vous étonne, hein ?

Henry. — Voyons, Monsieur Andrieux, des détails, donnez des détails !

Jeanne. — Oh oui ! Dites…

M. Andrieux. — Je ne sais pas grand chose, moi… J'étais allé voir ma mère à vingt kilomètres d'ici…

Henry. — Oui ! oui ! Alors ?

M. Andrieux. — Vous êtes pressé ! Alors un gamin est arrivé… C'est un gosse qui s'était sauvé de chez lui, à bicyclette, pour aller se battre… Il y en a quelques-uns comme ça en France. Il était allé loin dans la direction de Paris… Il était parti depuis quatre jours… Il est revenu, tout essoufflé, mais joyeux… Il avait appris que les Boches avaient reçu une pile, mais une fameuse !

Henry. — Ah ! Monsieur Andrieux ! Des racontars de gamin !

M. Andrieux. — Oui…? Eh bien ! moi qui vous parle, j'ai vu arriver quelques heures plus tard tout un Etat-Major allemand,… et ces gens-là n'avaient pas la mine de vainqueurs. Ils fuyaient… Ils avaient pris la tête de leurs troupes… pour se sauver… On dit même qu'il y avait parmi eux un prince… un de ses fils… Ils ont reçu la pile, je vous dis ! Ils l'ont reçue… Et j'ai vu ça, moi… j'ai vu ça ! Ah ! bon Dieu de bon Dieu !… Vive l'Armée !

(Il achève en sanglotant. Jeanne ne peut retenir ses larmes. Henry s'est détourné, très ému. Long silence).

M. Andrieux. — Ah ! C'est bête de s'attendrir comme ça ! J'ai autre chose à faire ! Je file ! Il faut que je prenne des mesures. Vous ne venez pas avec moi, Monsieur Beauchamp ?

Henry. — Mais si !

2

JEANNE (craintive). — Pas ce soir ! Il est très fatigué...

HENRY. — Pas du tout !... Je vous suis, Monsieur le Maire.

M. ANDRIEUX. — Vous comprenez, il faut que tous les bons citoyens soient là. Ils vont repasser par ici les bandits. Ils doivent être fous de rage. Il faut prendre des précautions. Surtout, il faut empêcher les signaux que nous avons aperçus l'autre fois quand ils sont venus. Il faut mettre la main sur ceux qui les guident ainsi, sur les espions, sur les traîtres.

HENRY. — Je crois bien !

JEANNE (de plus en plus craintive). — Henry ! Je ne veux pas que tu sortes ce soir. Je t'assure : c'est comme un pressentiment. Ils vont te faire du mal !

HENRY. — Comment ? Je vais enfin pouvoir être utile à mon pays et tu veux me retenir, toi, ma femme...

JEANNE. — J'ai peur ! J'ai trop peur !...

M. ANDRIEUX. — Nous l'empêcherons de trop s'exposer, Madame... Ah ! je sais bien : c'est un gaillard qu'il faut retenir. Il l'a bien prouvé, il y a quinze jours, quand il cherchait avec nous dans la nuit les misérables qui sont à la solde de l'Allemagne. Mais, je vous promets que j'aurai l'œil. Il ne commettra pas d'imprudence.

JEANNE. — Merci, Monsieur Andrieux.

M. ANDRIEUX. — Je file à la mairie.

HENRY. — Je fais préparer l'auto et je vous suis.

M. ANDRIEUX. — A tout à l'heure ! Et vive la France !
(Il sort en fredonnant la Marseillaise, tandis que Henry et Jeanne lui crient : « Au revoir, Monsieur Andrieux !... Bonne nuit !... »)

Scène III

JEANNE, HENRY

Jeanne qui a accompagné un peu M. Andrieux, revient joyeuse-
ment et se jette dans les bras de son mari.

JEANNE. — Ah ! mon chéri, mon chéri !

HENRY. — Voyons ! Voyons !

JEANNE. — Je suis heureuse, si heureuse ! Vainqueurs ! Nous sommes vainqueurs ! Je n'ose y croire !

HENRY. — Il ne faut pas, en effet, croire trop facile-
ment...

JEANNE. — Cependant, tu as entendu ! M. Andrieux a
vu tout un Etat-Major allemand...

HENRY. — M. Andrieux est de bonne foi... Mais, il ne
sait pas exactement ce qu'est un Etat-Major, et surtout
un Etat-Major allemand.

JEANNE. — Mais...

HENRY (très raisonneur). — Il ne comprend pas l'allemand... il ne sait pas ce que ces officiers pouvaient dire...
Et d'ailleurs, ils n'ont certainement pas exposé devant
lui une situation qui doit demeurer secrète.

JEANNE. — Mais il voit clair... : ces officiers avaient
l'air abattu, soucieux...

HENRY. — Ils étaient sans doute fatigués, et rien n'est
plus naturel.

JEANNE. — Pourquoi veux-tu m'empêcher de me
réjouir ?

HENRY. — Pour t'éviter une déception. Pendant la
dernière guerre, on a souvent annoncé en France de

grandes victoires, qui devenaient bientôt de grandes défaites.

JEANNE. — Hélas !

HENRY. — Oui. (Un temps.)

JEANNE. — Tu as raison... Et pourtant, malgré moi, je suis joyeuse... D'habitude, je me défends, contre une trop vive espérance... Aujourd'hui...

HENRY. — Aujourd'hui ?

JEANNE. — Aujourd'hui, je ne peux refréner cette allégresse qui monte en moi et qui m'étouffe. Il faut que je dise ma joie ! C'est fou ! Mais qu'importe ? Il n'y a que toi et moi ici : laisse-moi croire à ce bonheur !

HENRY. — Raisonne... Réfléchis... Racontars d'un gamin et d'un vieillard !...

JEANNE. — Vainqueurs ! Nous sommes vainqueurs ! La France est victorieuse ! Depuis plus de quarante ans, on n'osait plus prononcer ce mot : *Victoire !* On n'osait plus fixer cette vision : *La Victoire !* Depuis un mois, nous reculions et les moins abattus n'apercevaient que dans un lointain avenir cette espérance : *La Victoire !* Et cependant, aujourd'hui, c'est vrai. Victoire ! Victoire ! Ah ! la soirée est plus magnifique et plus sereine encore ! Il me semble que je sens les frissons des drapeaux triomphants ! Je te dis, mon amour, que c'est bien la Victoire !

   (Elle se serre contre lui, la tête contre sa poitrine.)

HENRY (la tenant). — Allons ! Allons ! Il y a une semaine, tu as vu les Allemands passer ! C'était comme une vague irrésistible. Il semblait que le Rhin s'était démesurément enflé ! Il avait débordé ! Sa force effroyable submergeait le sol de France Les petites rivières ne l'em-

pêchaient pas d'aller vers son but : il renversait toutes
les barrières pour rouler vers la Seine, pour s'unir à
elle, en renversant Paris ! Et tu crois que, tout à coup,
le flot s'est arrêté ? Pourquoi ? Pourquoi se serait-il
arrêté ? Quel miracle se serait donc produit ?

JEANNE (levant la tête, un peu mystique). — Oui... C'est
comme un miracle...

HENRY. — Quelle force l'aurait dompté ?

JEANNE. — La Justice peut-être...

HENRY (en s'éloignant). — Si la France ne compte que
sur la Justice... La Justice... Elle aurait dû agir depuis
plus de quarante ans...

JEANNE. — Il fallait sans doute attendre l'heure et que
la coupe d'iniquité fût pleine.

HENRY. — Ah ! ma pauvre petite !

(Il se dirige vers la porte pour prendre dans l'antichambre son
manteau).

JEANNE (inquiète et timide). — Tu sors ?

HENRY. — Il faut que je rejoigne M. Andrieux... C'est
très joli de parler, de se laisser aller à l'enthousiasme...
Mais il faut agir raisonnablement, comme un homme...

JEANNE. — Je te supplie seulement d'être prudent.

HENRY. — Ne crains rien ! Mon existence m'est pré-
cieuse puisque, malgré tout, je peux être utile au pays.

JEANNE. — Va, mon chéri, va surprendre dans la nuit
ceux qui les aident, ceux qui les guident...

HENRY. — Ah ! si j'en saisis un...

JEANNE. — Mais sois prudent !

HENRY. — Je te le promets.

JEANNE. — A bientôt, mon amour !

HENRY. — A bientôt. (Il met son manteau ; Jeanne l'aide.)
Dis-moi...

2.

JEANNE. — Quoi donc ?...

HENRY. — Je resterai peut-être un peu tard...

JEANNE. — Oh ! Pas trop tard, n'est-ce pas ?

HENRY. — Alors... je crains d'avoir faim...

JEANNE. — Oh !... Et moi qui ne pensais pas... Je te demande pardon... Je vais donner des ordres...

HENRY. — La domestique n'est pas là... Fais cela toi-même.

JEANNE. — Je ne te demande que quelques minutes...

HENRY. — Prends le temps, ma chérie, prends le temps... Je ne suis pas si pressé...

JEANNE. — Je croyais...

HENRY. — Enfin je peux attendre encore un peu...

JEANNE. — Ce ne sera pas long. (Elle se dirige vers la porte.)

HENRY. — Et puis...

JEANNE. — Quoi donc ?

HENRY. — Vois si l'auto est prête...

JEANNE. — Oh ! je n'y entends rien, tu le sais bien !...

HENRY. — Oui... Oui... Je ne parle pas de la voiture... Mais qu'on y mette une couverture...

JEANNE. — Il y a toujours une couverture...

HENRY. — Je crains d'avoir un peu froid...

JEANNE. — La soirée est tiède... Il fait délicieux...

HENRY. — En automne les nuits sont si fraîches...

JEANNE. — Tu n'es pourtant pas frileux d'habitude... Tu n'es pas souffrant ?

HENRY. — Mais non ! Mais non ! (La conduisant vers la porte.) Allons ! Va ! Va ! Ma chérie ! Fais tout cela, je t'en prie ! Fais tout cela !

JEANNE. — Mais... oui... (Elle sort, en le regardant avec un peu de surprise, de vague inquiétude).

Scène IV

HENRY seul, puis JEANNE

(Quand Jeanne est sortie, Henry se dirige vers le grand coffre-fort ;
il met les boutons aux crans d'arrêt, en écoutant de temps en
temps si l'on vient. Il tire de sa poche un trousseau de clefs, en
introduit une dans la serrure, fait encore jouer un secret... Le
coffre-fort est enfin ouvert. Il prend avec précaution une sphère
métallique, un engin cylindrique, des cordons qu'il roule... Il
introduit avec précaution ces objets dans les poches de sa houp-
pelande... Il est sur le point de prendre encore d'autres objets.
Mais il a entendu des pas... Il referme brutalement le coffre,
enlève la clef et il tourne les boutons au moment où Jeanne
rentre.

JEANNE. — Tiens... Que faisais-tu donc ?

HENRY. — Je cherchais quelque chose...

JEANNE. — Je le vois bien... Je t'ai surpris ?

HENRY. — Oh ! Je ne me cachais pas...

JEANNE. — Tu as pourtant fermé très brutalement
ce coffre.

HENRY. — Brutalement ?...

JEANNE. — Oh ! Oui ! Ça a fait un bruit...

HENRY. — La porte est lourde... C'est un beau coffre...

JEANNE. — Et tu t'es hâté de brouiller le mot...

HENRY. — C'est un geste machinal...

JEANNE. — Non ! Non ! Tu as été très ému... Tu es
encore très ému...

HENRY. — Moi ?

JEANNE. — Tu ne m'attendais pas si vite. Tu avais
tenu à m'éloigner...

HENRY. — Oh ! Voyons !

JEANNE. — Je suis revenue trop tôt, n'est-ce pas ? Que veux-tu ? La curiosité est un défaut; mais je ne suis pas parfaite.

HENRY. — Je ne sais pas ce que tu imagines...

JEANNE. — Je n'imagine rien ! Tu as voulu rester seul pour prendre quelque chose dans ce coffre. Je veux savoir ce que tu as pris...

HENRY. — Ah ! Mon Dieu ! Tu vas, tu vas... On ne peut plus t'arrêter... Je cherchais tout simplement mon revolver...

JEANNE. — Il est là-haut, dans ton bureau, comme toujours.

HENRY. — Je croyais...

JEANNE. — Mais non ! non ! Tu ne croyais rien... Tu cherches de mauvaises raisons et tu ne les trouves pas !...

HENRY. — Je n'admets pas que tu me parles sur ce ton !

JEANNE. — Tu as raison... Tu as parfaitement raison... Je me laisse emporter... Eh bien ! Très tranquillement, très doucement je te demande ce que tu as pris dans ce coffre dont tu as seul la clef, dont seul tu connais le mot, dans ce coffre à secrets, dans ce coffre mysté-rieux...

HENRY. — Je ne te répondrai pas.

JEANNE. — Parce que ?

HENRY. — Parce qu'il ne me plaît pas de subir un interrogatoire, parce que je ne t'ai jamais donné un motif de douter de moi, parce que j'exige que tu aies con-fiance...

JEANNE. — Et moi aussi je veux que tu aies confiance en moi et que tu ne me caches rien.

Henry. — Mais, si je ne peux rien te dire... Si j'ai juré de ne pas parler ?

Jeanne. — Tu m'aurais fait plus tôt cette réponse. Tu viens de la trouver à l'instant.

Henry. — Si je suis lié par un serment ?...

Jeanne. — Et moi, je fais ce serment : tu ne sortiras pas de la maison avant de m'avoir dit la vérité. Je veux savoir.

Henry. — Tu ne sauras rien.

Jeanne. — Henry, prends garde.

Henry. — Tu te permets de me menacer.

Jeanne. — Je ne menace pas : je t'avertis.

Henry. — Que veux-tu dire ?

Jeanne. — Je t'ai follement aimé...

Henry. — Tu m'aimes encore, j'espère ?...

Jeanne. — Et au moment où tu me quittes, où tu vas peut-être vers le danger, j'entrevois, dans ton existence, un grand secret.

Henry. — Eh bien !... oui... Tu ne connais pas toute mon existence.

Jeanne. — Tu avoues !...

Henry. — J'ai commis des fautes, des fautes graves... J'ai dans ce coffre des papiers qui peuvent me compromettre...

Jeanne. — Et tu les a gardés jusqu'à ce jour ? C'est étrange.

Henry. — Ils accusent aussi un homme qui m'a fait du mal, beaucoup de mal... Alors tu comprends...

Jeanne. — Tu mens ! Tu mens !

Henry. — Je te jure !

Jeanne. — Montre-moi ces papiers...

Henry. — Je voulais les détruire ; çar, si je ne revenais pas, on les aurait trouvés, tu aurais su...

Jeanne. — Montre-moi ces papiers...

Henry. — Et puis... il y a aussi une femme que je ne veux pas compromettre...

Jeanne. — Oui ! Oui !

Henry. — Une femme que j'aime, que j'adore...

Jeanne. — Je ne te crois pas...

Henry. — Tu l'as voulu ! Eh bien ! Je te dis la vérité ! J'aurais voulu t'épargner ! J'avoue ! J'avoue ! J'aime une autre femme ! Et j'ai enfermé dans ce coffre une enveloppe qui doit lui être remise, s'il m'arrive malheur ! Voilà !

Jeanne. — Ce n'est pas vrai !

Henry. — Vraiment ? Je ne pouvais pas aimer une autre femme que toi, n'est-ce pas ? C'est ainsi pourtant ! J'aime une autre femme, j'aime une autre femme, tu m'entends ? Et je ne peux plus résister à cet amour ! Et je m'enfuirai avec elle ! Tu sais tout ! Adieu !

Jeanne (lui barrant la route et très doucement). — Non ! Non ! Reste !

Henry. — Laisse-moi passer !

Jeanne. — Tu ne partiras pas

Henry. — Que faut-il te dire encore ?...

Jeanne. — La vérité !

Henry. — Je te jure...

Jeanne. — La vérité ! Tu t'es accusé d'infidélité, et ce n'est pas vrai ! Tu t'es accusé de vol, et ce n'est pas vrai ! Tu as consenti à perdre mon estime et mon amour pour endormir mes soupçons ?... Quel crime tiens-tu donc à me cacher ?

HENRY. — Tu es folle?

JEANNE. — Non! Non! Je suis très calme, je suis tout à fait calme... Quel crime as-tu commis?...

HENRY. — Ah! Ah! Un crime maintenant! Nous en reparlerons demain, quand tu auras pris du repos, quand tes idées seront plus claires.

(Il fait un mouvement vers la porte.)

JEANNE. — Non! Non! Tu ne partiras pas sans m'avoir répondu.

HENRY. — Ne m'oblige pas à employer la force...

JEANNE. — Henry! Henry! Je te le jure! Dès que tu seras sorti je briserai ce coffre! (Elle a saisi la hache qui est près des bûches du foyer.) Je ferai sauter la serrure... (Elle cesse de lui barrer la route.) Tiens! Tu peux passer!

(Henry fait quelques pas vers la porte... Il s'arrête, enlève son manteau...)

JEANNE. — Tu restes?

HENRY. — Oui... Quelques minutes encore...

JEANNE (plaçant la hache sur la table.) — Tu espères que tu vas me convaincre!

HENRY. — Non...

JEANNE. — Alors?

HENRY. — Eh bien! Puisque tu veux savoir, tu sauras! (Il va vers le coffre, place la clef dans la serrure et tourne les boutons.) Tu peux ouvrir... Tu peux regarder... Mais prends garde... La curiosité est souvent punie... On en meurt!...

JEANNE, ayant regardé longuement Henry et, en allant vers le coffre. — Tu ne me fais pas peur. (Elle ouvre le coffre et, ayant jeté un coup d'œil sur ce qu'il contient, elle murmure, d'une voix sans timbre) : Qu'est-ce donc? C'est un attirail bizarre... C'est drôle... Ah! il y a une lettre. (Elle prend un papier qu'elle lit.) Non! des formules chimiques!... Ah! ça c'est drôle! C'est affreusement drôle! (Ses mains tremblent et laissent échapper le papier.) Alors... Tu as préparé ici des bombes... Ce sont des bombes que tu as prises dans ce coffre... Elles sont là... dans tes poches... Alors cette nuit tu allais faire sauter... Mais pourquoi?... Quel homme es-tu donc?...

HENRY. — Tu as voulu savoir : tu sauras !

JEANNE. — Et là, sur l'autre casier. Ce sont des fusées... C'est un feu d'artifice... Il y a une étiquette... (Elle déchiffre un mot sur l'étiquette) : Augsbourg ! Ça vient d'Augsbourg... Mais alors, tu es un traître !

HENRY. — Jamais... jamais je ne permettrai...

JEANNE. — Tu es un traître! Mais oui, quand ils sont venus, il y avait des fusées qui montaient vers le ciel et qui les guidaient. C'est toi ! C'est toi qui les a guidés... Oh ! je comprends maintenant, pourquoi ils ne sont pas venus jusqu'à notre maison ; pourquoi ils nous ont épargnés... Misérable ! Misérable !

HENRY. — Je ne suis pas ce que tu dis.

JEANNE. — Vraiment ?

HENRY. — Je ne suis pas un traître !

JEANNE. — Ah ! Ah !

HENRY. — Au contraire, je sers fidèlement mon pays.

JEANNE. — Quel nouveau mensonge vas-tu inventer ?

HENRY. — Je sers fidèlement mon pays,... et mon Empereur...

JEANNE. — Quoi?

Henry. — Voilà !

Jeanne. — Tu es un Boche?

Henry. — Je suis un Allemand !

Jeanne. — Voyons ! Voyons ! Ce n'est pas possible ! Beauchamp,... c'est un nom bien français...

Henry. — Une traduction... Mon vrai nom est Schoenfeld. Je suis Heinrich Schoenfeld... Je ne t'ai pas caché que mon père s'était fait naturaliser. Moi, je suis né en France... Mais tout cela, c'est par ordre... c'est pour mieux servir le pays...

Jeanne. — Et c'est par ordre aussi, que tu m'as épousée? pour mieux dissimuler ta nationalité, n'est-ce pas?

Henry. — J'avais ordre de me marier en France près de la frontière ; mais je t'ai choisie, parce que je t'aimais...

Jeanne. — Ne dis pas ce mot-là ! Ne dis pas que tu m'aimais : c'est une injure.

Henry. — Et tu m'as aimé.

Jeanne. — Pour ma honte ! Pour mon déshonneur ! Oh ! comme tu m'as trompée. Quelle fourberie ! Et j'aurais pu avoir un enfant de toi ! Je bénis le ciel qui, du moins, m'a épargné cette abjection.

Henry. — Maintenant tu sais tout, tu peux me livrer comme tu m'en as menacé... (Un silence tandis que Jeanne se cache la figure dans ses mains.) Tu peux aussi te taire...

Jeanne. — Me taire ! Me taire ! Te laisser continuer ton joli travail ! Me taire ! Pour que tu fasses massacrer mes frères ! Mais tu es insensé ! Tu as pu croire sérieusement que j'allais me taire ?

3

HENRY. — Je partirai ! On ne me verra plus dans le pays.

JEANNE. — Oui, tu iras un peu plus loin faire ta besogne !

HENRY. — Tu ne peux pourtant pas livrer l'homme que tu as aimé !

JEANNE. — Ne répète pas ce mot. Ne me rappelle pas que tu m'as volé mon amour ! Bandit !

HENRY. — Bandit ? Mais pourquoi bandit ? Si j'étais un Français qui trahit, je comprendrais ton mépris ! Mais je suis un Allemand qui fait la guerre.

JEANNE. — Il y a la manière !

HENRY. — Je ne peux pas aller me battre...

JEANNE. — Alors, tu assassines, n'est-ce pas ?

HENRY. — Je risque ma vie.

JEANNE. — Ce n'est pas une excuse : les Apaches aussi risquent leur peau.

HENRY. — Vous êtes étonnants, vous autres ! Dans la guerre, on ne peut pas être sentimental... Dans la guerre, on ment, on trompe, on tue... C'est la guerre... Je ne comprends pas !

JEANNE. — Je sais bien que tu ne comprends pas ! Les mots de droiture et de générosité n'ont pas de sens pour vous. Ça ne se traduit donc pas en allemand ? Oh non, vous ne comprenez pas ! Ça vous paraît naturel d'incendier avec méthode les logis des pauvres gens, de démolir avec soin les monuments de la beauté et de la foi. Ça vous paraît naturel de faire marcher devant vous, au combat, les vieillards et les femmes ! Ça vous paraît naturel de mutiler les petits enfants ! Alors, quand on vous parle d'humanité, de pitié, de générosité, vous ne comprenez pas ! Vous ne pouvez pas comprendre ! Toi, tu m'as caché qui tu étais ! Tu m'as volé ma tendresse ! Près de moi, à la frontière, sur le sol français, tu as préparé la ruine de la France, de mon pays, et tu ne t'aperçois pas que tu es un monstre. Tu te dis que tu es un homme paisible... Tu te félicites d'accomplir ton devoir d'Allemand... Tu m'embrasses au moment d'aller, dans la nuit, aider à tuer les miens... Si je ne t'avais pas découvert, tu serais rentré à l'aube en souriant et tu m'aurais embrassée comme le père de famille qui rentre au logis après avoir bien rempli sa journée... Quelle inconscience !... Quelle monstruosité !

HENRY. — Il n'y a donc pas en Allemagne des Français qui font ce que je fais ici ?

JEANNE. — Il n'y en a pas beaucoup, tu peux en être sûr. Mais l'espion allemand sur notre sol, ça pullule, ça grouille ! Tout un peuple s'est glissé, s'est introduit ! Et nous le savions ! Et nous agissions comme si nous ne le savions pas ! J'aurais dû avoir de la défiance. Un fils d'étranger naturalisé ! Ce devait être ça ! Ce ne pouvait être que ça ! Mais chez nous, on ne se défie pas. L'espion, ça nous paraît anormal, impossible ! Chez nous, c'est l'exception : chez vous, c'est la règle !

HENRY. — Tu jugerais autrement le Français qui aurait agi en Allemagne exactement comme j'ai agi ici !

JEANNE. — Non, je le condamnerais à mort.

HENRY. — Donc, tu vas me livrer ?

JEANNE. — Tu en doutes !

HENRY. — Je ne peux compter sur ton indulgence ?

JEANNE. — Tu me fais rire !

Henry. — Ne compte donc pas sur la mienne. Il y a ici en présence un homme et une femme, et l'homme est le plus fort. Puisqu'il est obligé de tuer pour n'être pas tué, la femme va mourir.

Jeanne. — Peut-être.

Henry. — Tu appelleras, n'est-ce pas ? On ne t'entendra pas... Nous sommes bien seuls .. Une fois encore, je te propose de te taire.

Jeanne. — Jamais !

Henry. — Tiens ! laisse-moi sortir encore ce soir ! Ne dis rien à personne et je te promets, je te jure, que ce sera ma dernière expédition, mon dernier service...

Jeanne. — Jamais !

Henry. — Puisque je te jure...

Jeanne. — Mais tu es insensé ! Tu crois vraiment que tu vas aller faire du mal aux miens, à mon pays, quand je peux t'en empêcher ?

Henry. — Tu ne pourras rien empêcher... Il faut me laisser passer, puisque je suis le plus fort...

Jeanne. — Comme en Belgique !

Henry. — C'est le hasard qui t'a livré mon secret... Tu pourrais ne rien savoir. Fais comme si tu ne savais rien.

Jeanne. — Tu es bien de ta race !

Henry. — Oui ! J'en suis et je suis fier d'en être ! Tout pour le triomphe du pays ! Tout pour la grande Allemagne ! Tu devrais me comprendre... Tu devrais admirer ce que j'admire... Tu devrais me seconder... Ce serait si grand !

Jeanne. — Je suis Française ! Je suis Française ! Et je te hais !

HENRY. — Tu n'as pas toujours parlé ainsi.

JEANNE. — Je te hais parce que tu es Allemand. Comment pourrais-je ne pas te haïr ? Française ! Allemand ! Il ne peut y avoir entre nous que de la haine ! Et je te hais plus encore, parce que j'ai cru t'aimer.

HENRY. — Bon ! Bon ! Tu ne me reverras plus.

JEANNE. — Si tu parviens à te sauver.

HENRY. — Ce ne me sera pas difficile : je vais t'abattre comme mon pays abat le tien !

JEANNE. — Il faut voir !

HENRY. — Comment résisterais-tu à ma force ? Tu es perdue !

JEANNE. — Il y a des miracles.

HENRY. — Prie Dieu, et les Saints, et les Saintes. Nous les prions aussi ! Notre Empereur les connaît, va !

JEANNE. — Oui ! Il détruit les églises et les statues sacrées !

HENRY. — C'est la guerre, ma petite, c'est la guerre. Pauvre petite femme de France qui a des pensées délicates ! Pauvre France qui émeut l'Univers par ses beaux sentiments ? On va vous faire pleurer des larmes de sang, ma chérie, et nous verrons ce qu'il y a dans votre cœur si précieux.

JEANNE. — Tu n'y trouveras qu'un sang très pur.

HENRY. — Je vais te tuer avec méthode, mon amour, et je ferai ce que je dois faire cette nuit..... Il faut que tu saches tout..... Au cas où les Allemands battraient en retraite, j'ai l'ordre de faire sauter le pont de Grèves, à trente kilomètres à l'ouest. Il ne faut pas que les Français puissent les prendre à revers et bousculer leur retraite... Tu comprends...? On est organisé chez nous. On prévoit.

3.

Jeanne. — Chez nous, on improvise !

Henry. — Ensuite je reviendrai et je mènerai mes frères jusqu'à notre carrière de Frémeaux. Depuis longtemps tout est prêt pour y organiser leur défense. Ils pourront tenir encore dans ton pays.

Jeanne. — Canaille !

Henry. — Et, tu sais, sur le plateau, au-dessus des carrières, la belle maison que je faisais construire pour abriter nos amours...

Jeanne. — Assez !

Henry. — Pour abriter nos amours, ma belle Jeanne. Tu me disais : « C'est trop beau ! Avons-nous besoin d'une demeure si spacieuse, d'un palais ? » Moi je te répondais : « Rien de trop beau pour toi, rien de trop beau pour nous ! » Mais c'est si vaste qu'on n'en est qu'aux fondations. Quelle belle plate-forme de ciment pour l'artillerie ! Car nous avons choisi ensemble une belle situation ! Nous dominons deux vallées ! C'est là qu'on mettra des canons, mon enfant, et qui tireront sur tes frères, et qui faucheront des milliers de Français.

Jeanne. — Crapule !

Henry. — Hein ? tu le connais maintenant ton Henry ? Tu croyais que j'étais un bon bourgeois qui est à genoux devant sa jolie petite épouse ! C'est bon pour les Français une pareille attitude !

Jeanne. — Oui, la noblesse de l'amour, c'est bon pour les Français, tu as raison...

Henry. — Nous, nous sommes avant tout des serviteurs de notre pays.

Jeanne. — Des domestiques, des valets...

Henry. — Ces mots ne me blessent pas. Je suis orgueilleux d'obéir.

Jeanne. — Jusqu'au crime !

Henry. — Il n'y a pas de crime : tout est permis pour la patrie !

Jeanne. — Non, tout n'est pas permis ! Celui qui aime son pays ne doit rien faire qui le puisse déshonorer. O patrie, o notre France, tu réclames de nous des pensées pures, des actes héroïques et généreux, des sacrifices sublimes ! Mais tu renierais l'enfant qui, pour t'enrichir, t'apporterait le produit de ses vols et de ses assassinats.

Henry. — L'argent n'a pas d'odeur !

Jeanne. — Le sang non plus, n'est-ce pas ?

Henry. — Oh ! si ! le sang a une délicieuse odeur et je vais m'en griser. (Il a ouvert un couteau.) Vous dites toujours que nous ne savons pas nous servir de l'arme blanche. Nous allons voir !

Jeanne (tombant à genoux). — Mon Dieu ! Mon Dieu !

Henry. — Ah ! Ah ! Tu m'implores ? Tu te soumets enfin, la belle ! La France se soumet ?

Jeanne. — Je prie !

Henry. — Ça c'est, curieux ! Tu n'étais pas très pieuse quand je t'ai connue ! Tu as bien changé !

Jeanne. — Il en est qui invoquent sans cesse Dieu et qui n'ont point la foi ! Il en est qui parlent rarement du Ciel et qui ont pourtant une âme religieuse.

Henry. — Prie, ma petite, puisque c'est ton bon plaisir. Il ne me déplaît pas de t'entendre.

Jeanne. — Moi, je n'entends plus tes injures, tes menaces... Je suis plus haut...

Henry. — Prie ! Prie !

Jeanne. — Mon Dieu, je vais mourir, mais, j'aurais honte de vous implorer pour moi. Vous serez peut-être miséricordieux à mes fautes. J'ai péché parce que je suis de la race humaine et qu'il est impossible aux mortels de ne point pécher. Mais je n'étais pas méchante. Je n'ai jamais fait le mal pour le mal. Je me suis trompée souvent, mais point volontairement. Je ne suis point perfide, et vous le savez bien. On peut être léger, on n'est jamais perfide sur la terre de France. Mon Dieu, je vais mourir, et, très humblement, je vous demande pardon des fautes que j'ai commises. Mais, surtout, je vous prie, pour mes frères, pour mes sœurs et pour mon pays. Venez en aide à ceux qui combattent si durement pour la France. Donnez-leur la force de supporter chaque jour les épreuves et les dangers. Que par vous ils aient chaque matin une vigueur nouvelle, et versez en leurs cœurs la gaieté quotidienne ! Qu'ils luttent en riant et qu'ils soient assez joyeux pour demeurer très bons envers les vaincus ! Qu'ils se défendent sans avoir jamais recours à de basses vengeances. Qu'ils soient toujours dignes de leur pays ! Qu'ils aient toujours des âmes françaises !

Henry. — En vérité, tu vas me convertir : parle encore et je me fais tonsurer.

Jeanne. — Mon Dieu, préservez aussi les vieillards, les femmes, les enfants de France qui sont demeurés dans leurs foyers et qui attendent le retour du fils, du mari, du père. Donnez-leur la patience. Faites qu'ils ne murmurent point contre la longueur de la séparation, mais qu'ils la supportent bravement ! Inspirez aux petits de belles pensées et conservez-leur la santé pour que les pères les retrouvent sages et grands. Veillez sur les épouses et que le chagrin ne creuse pas leurs visages ! Il faut que les maris les retrouvent vaillantes et belles. Suspendez pour les vieillards le cours du temps, afin que les fils les retrouvent... les retrouvent vivants !

HENRY. — Ceux qui reviendront ne retrouveront pas, tous, leurs femmes, leurs enfants, leurs parents.

JEANNE. — Mon Dieu, mon Dieu, donnez à la France les saisons heureuses qui créent l'abondance. Donnez-nous, donnez-nous notre pain quotidien !

HENRY. — Et, pour nous, la famine, n'est-ce pas ?

JEANNE. — Donnez-nous les moyens de triompher pour votre gloire, car ceux qui défendent l'humanité sont toujours avec vous, mon Dieu, même quand ils semblent en être séparés et ceux qui veulent asservir et massacrer sont toujours contre vous, même s'ils se proclament vos serviteurs.

HENRY. — Dieu est avec nous ! *Gott mit uns !*

JEANNE. — Vous savez ce qu'ils ont fait, mon Dieu ! Vous savez qu'ils ont détruit les églises, les cathédrales ! Vous savez qu'ils ont malmené vos prêtres, qu'ils ont fusillé vos serviteurs. Et le monde a frissonné devant ce sacrilège ! Mais il me semble, mon Dieu, qu'ils vous ont fait une plus cruelle injure ! Démolir les temples vénérables, briser les statues sacrées, torturer ceux qui vous représentent sur la Terre, c'est vous offenser grandement ! Mais votre tendre cœur a dû souffrir d'une blessure plus vive quand ils ont coupé les mains des petits enfants.

Henry. — Que d'histoires pour quelques petites mains !

Jeanne. — Mon Dieu, il a été dit : « Laissez venir à moi les petits enfants... » Les voici qui viennent vers vous, les petits enfants de la Belgique et de la France. Voyez ! Voyez ! Ils s'avancent ! C'est une procession toute blanche, et si longue, si longue ! Mais, à chaque pas, il y a des gouttes de sang qui tombent ! Et les petits enfants ne portent pas des palmes et ne balancent pas des encensoirs. Il semble qu'ils ont caché sous leurs manches leurs petites mains. Et, à chaque pas, tombent encore des gouttes de sang. Mon Dieu, vous leur avez dit : « Pourquoi ne m'apportez-vous pas des palmes ? Pourquoi ne balancez-vous pas les encensoirs ? » Et ils ont élevé vers vous leurs bras fragiles et vous avez vu que les petits enfants n'ont plus de mains, et le sang ruisselle de leurs poignets tranchés.

Henry. — Ce n'est pas vrai ! Ce n'est pas vrai !

Jeanne. — Il proteste ! Il ose protester ! Ces gens-là mentent à l'univers ! Ils songent même à tromper Dieu.

Henry. — Dieu... Dieu... Ce n'est pas la seule force...

Jeanne. — Il y a l'autre, n'est-ce pas ? L'esprit de l'Ombre et du Mal... Vous l'entendez, mon Dieu !

Henry (se troublant). — Je n'ai pas dit cela ! Non ! Je n'ai pas dit cela.

Jeanne. — Seigneur, il va me tuer et je voudrais avoir la force de vous implorer, de vous demander d'être indulgent au meurtrier. Je le devrais ! Je sais que vous ordonnez le pardon des injures. Je devrais rendre le bien pour le mal. Seigneur ! Je ne peux pas ! Je ne peux pas ! Et je me rappelle aussi que vous avez exterminé des races monstrueuses. (Elle semble contempler de mysté-rieuses visions). Le déluge a lavé plusieurs fois la terre. Le feu du ciel a détruit Sodome et Gomorrhe... Et, quand les ennemis marchèrent contre votre peuple, une femme s'est levée qui tua Holopherne... Seigneur, où est ton glaive ? Ne le trouverai-je pas à l'heure du danger ? (Elle s'est dressée, a saisi la hache qui est près du foyer.) Seigneur, ne me donneras-tu pas la force ? Seigneur, laisseras-tu ma faiblesse livrée à sa brutalité ? Seigneur, la lumière ne triomphera-t-elle pas de l'ombre ?

Henry (frissonnant devant cette femme lumineuse et qui semble surnaturelle). — Je ne te reconnais plus ! Qui es-tu, donc ? Arrière ! Arrière !

Jeanne. — Seigneur, ne vais-je pas abattre cet homme comme mon peuple abattra le sien ?

Henry (reculant). — Tu n'es plus une femme ! Tu as de la clarté autour de ton front !

Jeanne. — Seigneur ! Il le faut ! Il le faut ! Il le faut ! (Elle a fait tournoyer sa hache qui s'abat sur Henry. Il s'écroule en faisant tomber la lampe et en poussant un cri terrible qui arrache Jeanne à son extase).

Jeanne. — Eh bien... quoi ? On a poussé un cri... Qui donc a crié...? (Comme il fait obscur, elle ouvre les rideaux de la fenêtre : la lumière du clair de lune éclaire la scène). Ah ! Il y a un homme à terre ! (Elle se penche sur le corps et pousse un cri de douleur) : Henry ! (Se reprenant, et avec colère) : Non ! Non ! Heinrich ! Heinrich !... Je me rappelle... Je me rappelle... Je l'ai tué ! Je l'ai tué ! Et j'ai bien fait ! Et je me réjouis ! A terre, l'Allemand ! A terre, l'Allemagne ! (Avec une fureur patrio-tique.) Ils voulaient nous assassiner... Et voilà ! Celui-ci voulait faire sauter un pont, empêcher les Français de venir... Ils viennent... Ils viennent... Des amis accourent, pour la gloire de combattre avec nous... En avant! En avant! Venez! Venez! Allons, enfants... Vers le Nord, vers l'Est, en avant!... Allons, enfants de la Patrie!... Il faut que leur Empire s'écroule... Il faut que nous brisions la loi de servitude et de sang!... Allons, enfants de la Patrie!

> Allons, enfants de la Patrie,
> Le jour de gloire est arrivé!

(Le rideau tombe, tandis que terrible, échevelée, Jeanne lance ce début de la Marseillaise.)

18 février 1915.

DIJON, IMP. DARANTIÈRE.